AF194156

Impressum
Verlag: BABADADA GmbH, Nedderfeld 112 , 22529 Hamburg
Geschäftsführer / Verlagsleitung: Harald Hof
Druck: Books on Demand GmbH, In de Tarpen 42, 22848 Norderstedt

Imprint
Publisher: BABADADA GmbH, Nedderfeld 112 , 22529 Hamburg, Germany
Managing Director / Publishing direction: Harald Hof
Print: Books on Demand GmbH, In de Tarpen 42, 22848 Norderstedt

# школа
# school

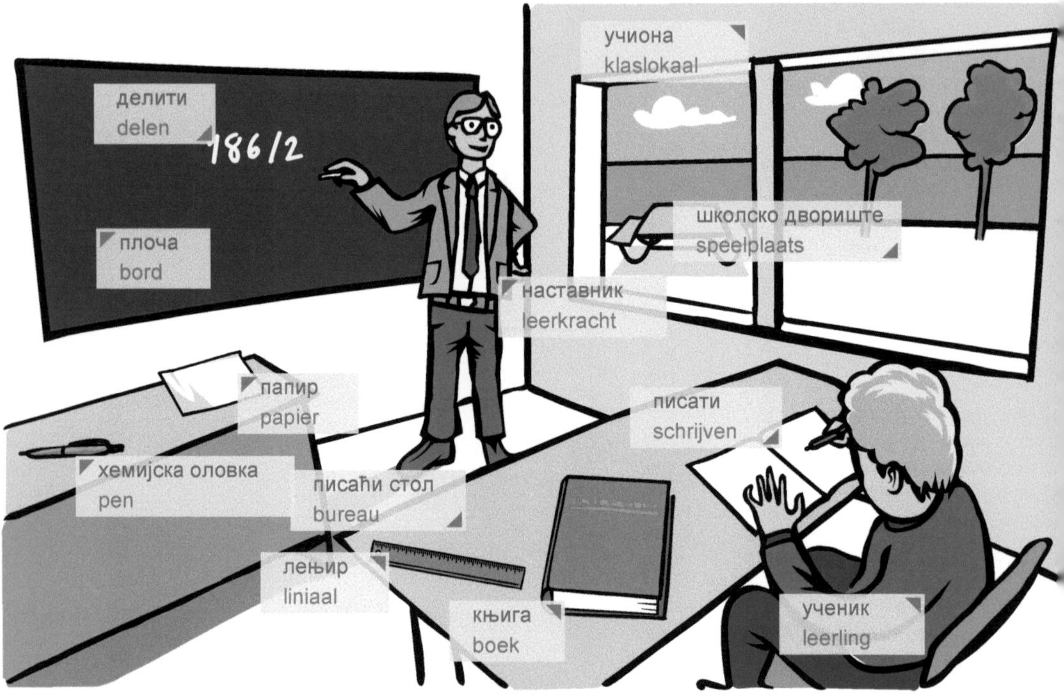

учиона
klaslokaal
делити
delen
186/2
плоча
bord
школско двориште
speelplaats
наставник
leerkracht
папир
papier
писати
schrijven
хемијска оловка
pen
писаћи стол
bureau
лењир
liniaal
књига
boek
ученик
leerling


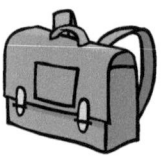

торба

schooltas

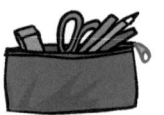

перница

pennenzak

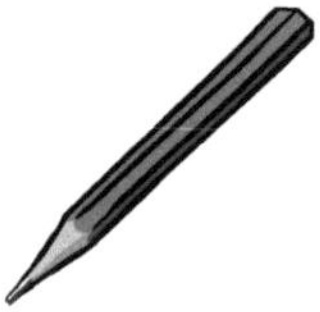

графитна оловка

potlood

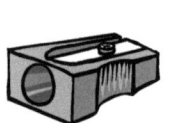

шиљило за оловке

puntenslijper

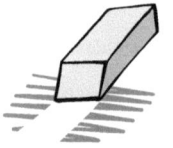

гумица за брисање

gom

блок за цртање

tekenblok

цртеж

tekening

кист

verfborstel

кутија са бојама

verfdoos

маказе

schaar

лепило

lijm

бележница

werkboek

домаћи задатак

huiswerk

број

nummer

2+2

сабирати

optellen

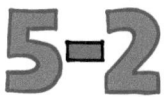

одузимати

aftrekken

множити

vermenigvuldigen

рачунати

rekenen

слово

letter

абецеда

alfabet

реч

woord

текст

tekst

читати

Lezen

креда

krijt

час

les

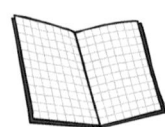

дневник

klassenboek

испит

examen

сведочанство

certificaat

школска униформа

schooluniform

образовање

onderwijs

лексикон

encyclopedie

универзитет

universiteit

микроскоп

microscoop

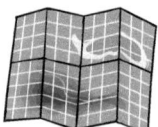

карта

kaart

кошара за папир

papiermand

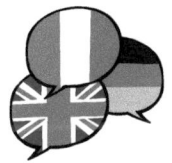

# путовање
## reis

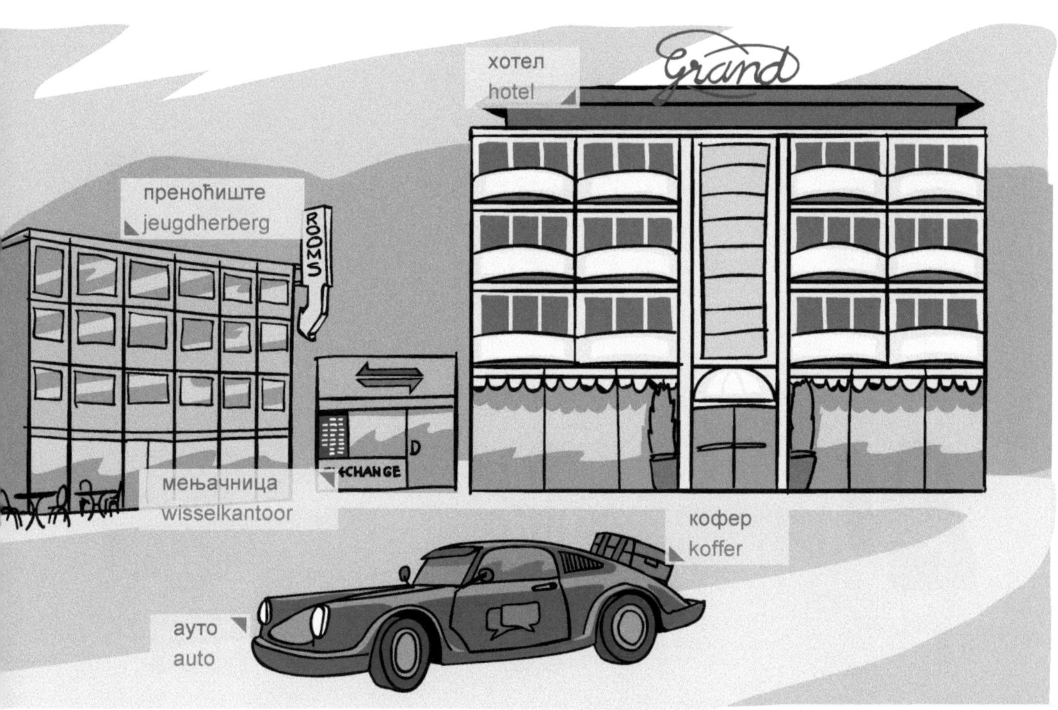
хотел
hotel
Grand
преноћиште
jeugdherberg
ROOMS
мењачница
wisselkantoor
EXCHANGE
кофер
koffer
ауто
auto

језик

Taal

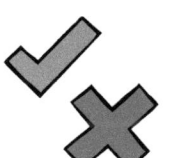

да / не

ja / nee

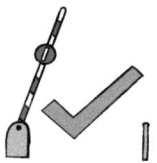

океј

oké

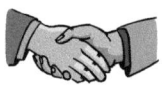

здраво

hallo

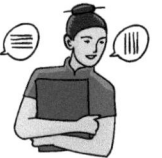

преводилац

vertaler

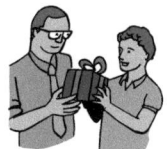

хвала

bedankt

Колико кошта...?

Hoeveel kost ...?

не разумем

Ik begrijp het niet

проблем

probleem

добро вече!

Goedenavond!

Добро јутро!

Goedemorgen!

Лаку ноћ!

Goedenavond!

довиђења

Tot ziens

смер

richting

пртљага

bagage

торба

zak

руксак

rugzak

гост

gast

соба

kamer

врећа за спавање

slaapzak

шатор

tent

туристичке информације

toeristeninformatie

плажа

strand

кредитна картица

kredietkaart

доручак

ontbijt

ручак

lunch

вечера

avondeten

карта за вожњу

ticket

лифт

lift

поштанска маркица

postzegel

граница

grens

царина

douane

амбасада

ambassade

виза

visum

пасош

paspoort

# транспорт

# transport

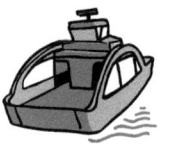

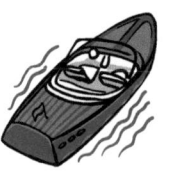

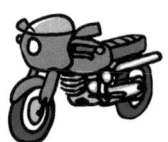

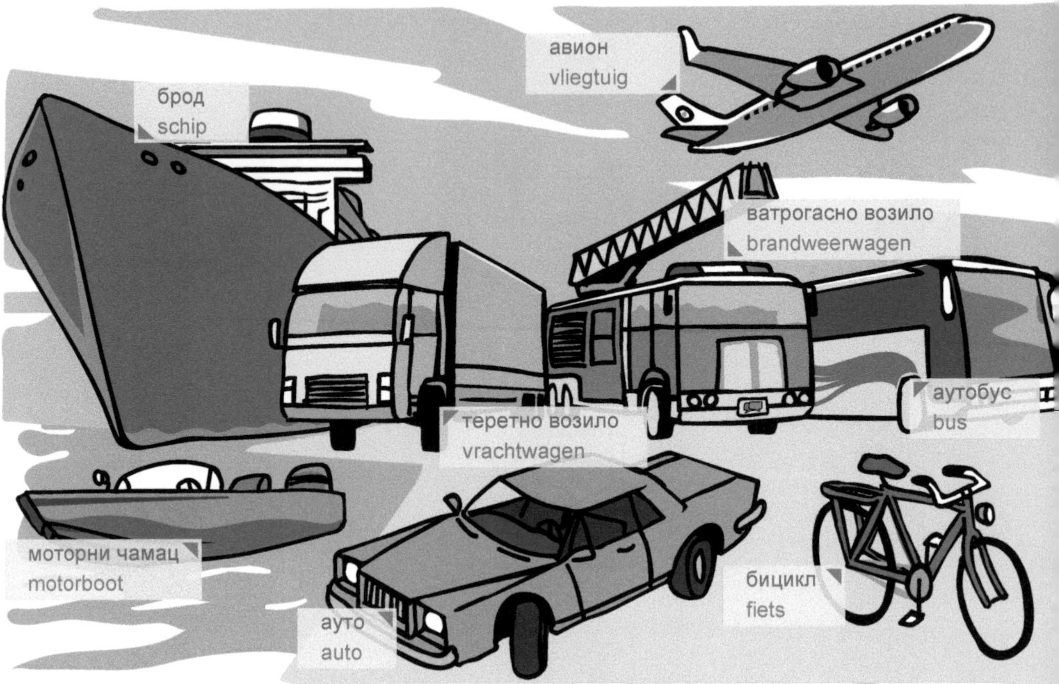
авион
vliegtuig
брод
schip
ватрогасно возило
brandweerwagen
аутобус
bus
теретно возило
vrachtwagen
моторни чамац
motorboot
бицикл
fiets
ауто
auto

трајект

veerboot

чамац

boot

мотоцикл

motor

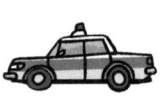

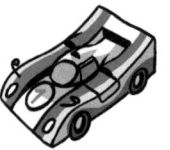

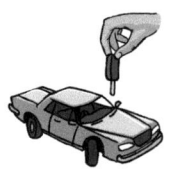

полицијски ауто

politiewagen

тркаћи ауто

racewagen

изнајмљено ауто

huurauto

дељење аутомобила

carpoolen

вучно возило

sleepwagen

возило за одвоз смећа

vuilniswagen

мотор

motor

бензин

benzine

бензинска станица

benzinestation

саобраћајни знак

verkeersbord

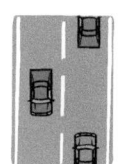

саобраћај

verkeer

застој

file

паркиралиште

parkeerplaats

железничка станица

station

шине

sporen

воз

trein

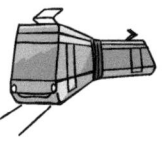

трамвај

tram

вагон

wagon

хеликоптер

helikopter

аеродром

luchthaven

кула

toren

путник

passagier

контејнер

container

картон

karton

колица

kar

корпа

mand

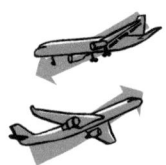

узлетети / слетети

opstijgen / landen

## град

## stad

село

dorp

центар града

stadscentrum

кућа

huis

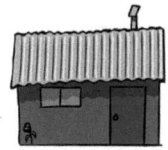

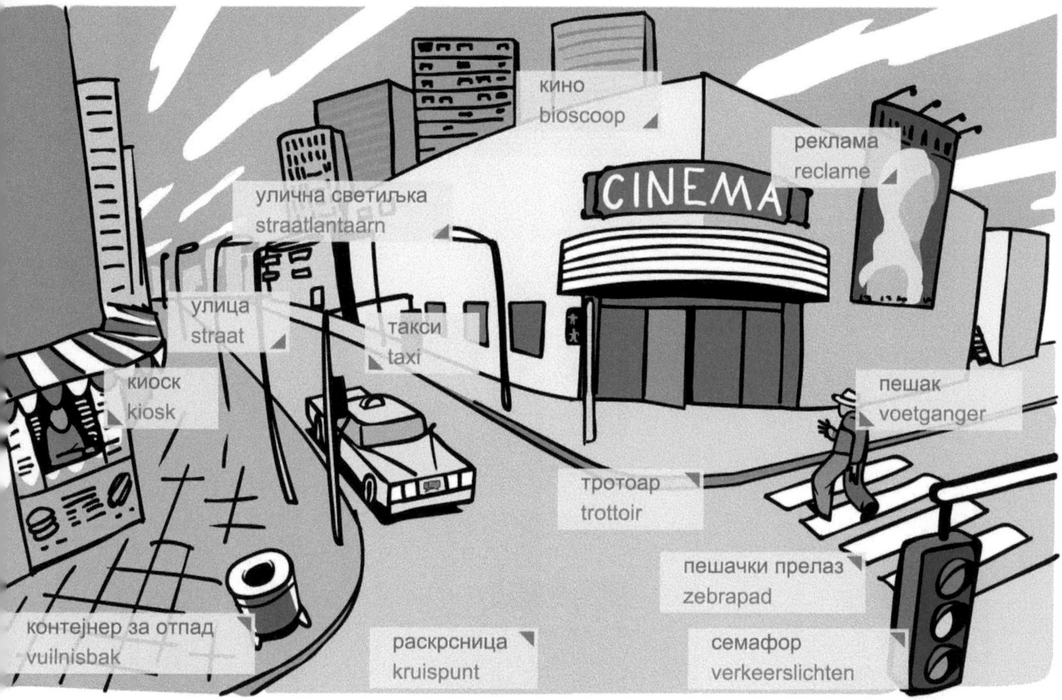
кино
bioscoop
CINEMA
реклама
reclame
улична светиљка
straatlantaarn
улица
straat
такси
taxi
киоск
kiosk
пешак
voetganger
тротоар
trottoir
пешачки прелаз
zebrapad
контејнер за отпад
vuilnisbak
раскрсница
kruispunt
семафор
verkeerslichten

колиба

hut

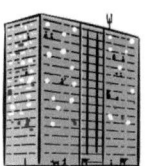

стан

woning

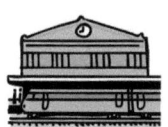

железничка станица

station

већница

stadshuis

MUSEUM

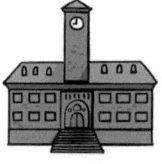

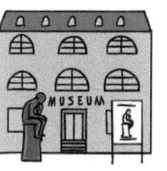

музеј

museum

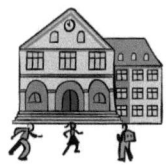

школа

school

универзитет

universiteit

банка

bank

болница

ziekenhuis

хотел

hotel

апотека

apotheek

канцеларија

kantoor

књижара

boekwinkel

продавница

winkel

цвећара

bloemenwinkel

супермаркет

supermarkt

трг

markt

робна кућа

warenhuis

рибарница

vishandelaar

трговачки центар

winkelcentrum

лука

haven

парк

park

клупа

bank

мост

brug

степенице

trap

подземна железница

metro

тунел

tunnel

аутобуска станица

bushalte

бар

bar

ресторан

restaurant

поштанско сандуче

brievenbus

улични знак

straatnaambord

паркирни аутомат

parkeermeter

зоолошки врт

zoo

базен

zwembad

џамија

moskee

сеоско газдинство

boerderij

загађење околине

milieuverontreiniging

гробље

kerkhof

црква

kerk

игралиште

speelplaats

храм

tempel

## пејсаж

## landschap

лист
blad

путоказ
wegwijzer

пут
weg

ливада
weide

камен
steen

шетач
wandelaar

дрво
boom

река
rivier

трава
gras

цвет
bloem

долина

vallei

планина

heuvel

језеро

meer

шума

bos

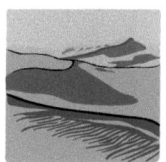

пустиња

woestijn

вулкан

vulkaan

дворац

kasteel

дуга

regenboog

гљива

paddenstoel

палма

palmboom

москито

mug

мува

vlieg

мрав

mier

пчела

bijl

паук

spin

буба

kever

жаба

kikker

веверица

eekhoorn

јеж

egel

зец

haas

сова

uil

птица

vogel

лабуд

zwaan

дивља свиња

wild zwijn

јелен

hert

лос

eland

насип

dam

ветрењача

windturbine

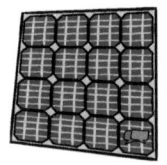

соларна плоча

zonnepaneel

клима

klimaat

# ресторан
# restaurant

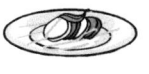

конобар
ober
јеловник
menu
столица
stoel
супа
soep
пица
pizza
прибор за јело
bestek
столњак
tafelkleed

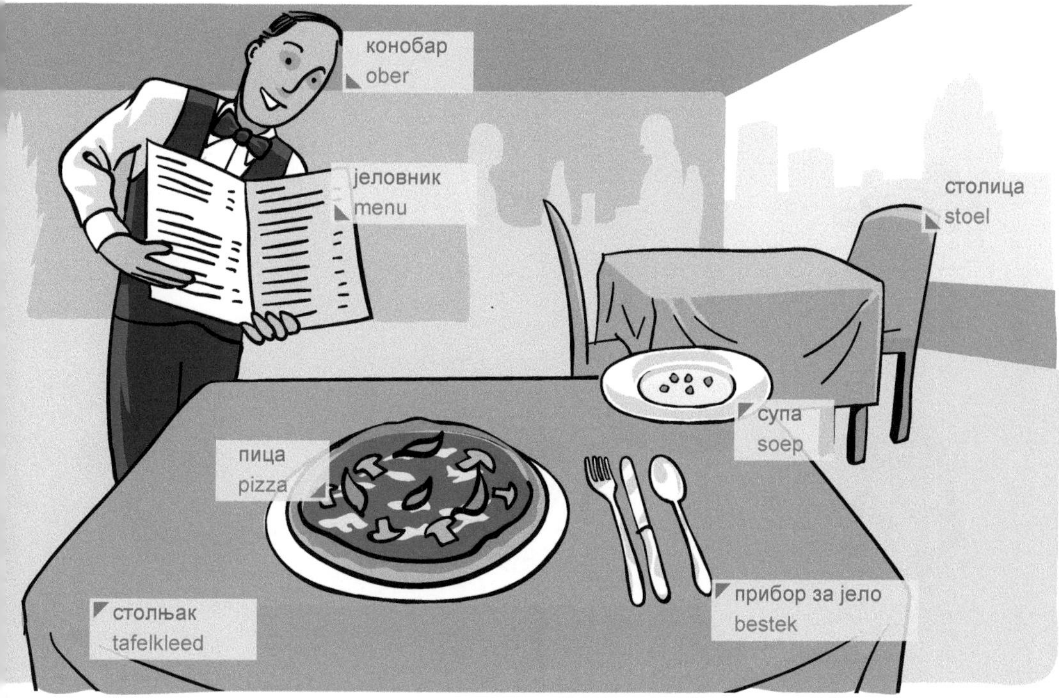

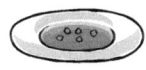

предјело

voorgerecht

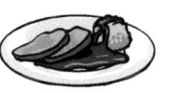

главно јело

hoofdgerecht

десерт

nagerecht

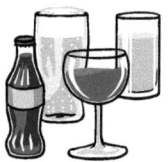

напитци

drankjes

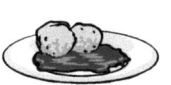

јело

eten

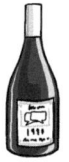

флаша

fles

брза храна

fastfood

имбис храна

street food

чајник

theepot

доза за шећер

suikerpot

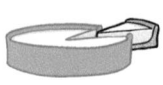

порција

portie

апарат за еспресо

espressomachine

висока столица

kinderstoel

рачун

rekening

послужавник

dienblad

нож

mes

виљушка

vork

кашика

lepel

чајна кашика

theelepel

салвета

serviette

чаша

glas

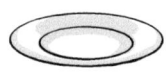

тањир

bord

тањир за супу

soepbord

тањирић

schoteltje

сос

saus

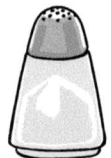

сољенка

zoutvatje

млин за бибер

pepermolen

сирће

azijn

уље

olie

зачини

kruiden

кечап

ketchup

сенф

mosterd

мајонеза

mayonaise

# супермаркет
# supermarkt

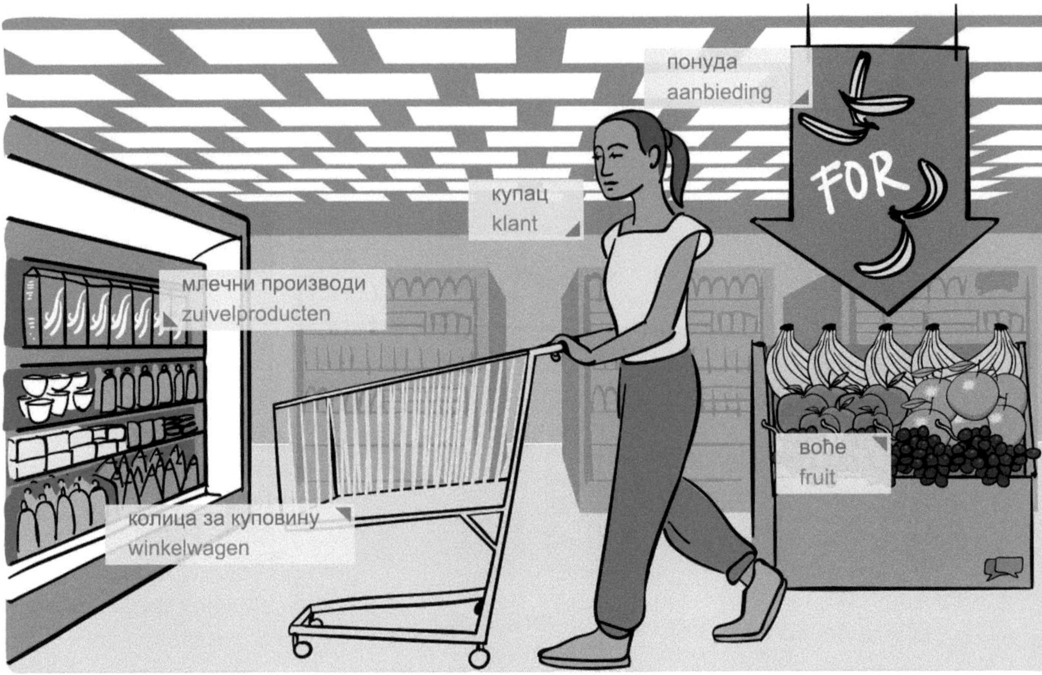

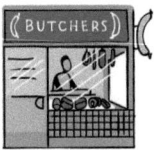

понуда
aanbieding
FOR
купац
klant
млечни производи
zuivelproducten
воће
fruit
колица за куповину
winkelwagen

BUTCHERS

месница

slagerij

BAKERY

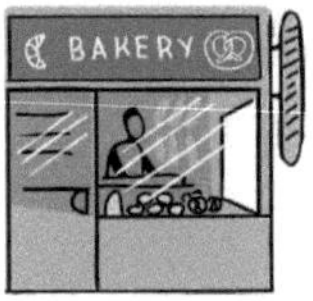

пекара

bakkerij

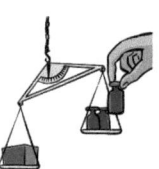

вагати

wegen

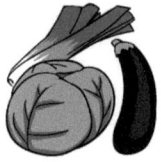

поврће

groenten

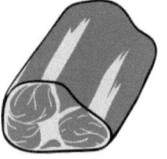

месо

vlees

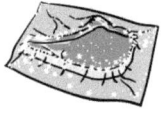

смрзнута храна

diepvriesvoedsel

нарезак

charcuterie

конзерве

conserven

средство за прање

waspoeder

слаткиши

snoep

артикли за домаћинство

huishoudproducten

средства за чишћење

schoonmaakproducten

продавачица

verkoopster

благајна

kassa

благајник

kassier

листа за куповину

boodschappenlijstje

време рада

openingstijden

новчаник

portefeuille

кредитна картица

kredietkaart

торба

tas

пластична кеса

plastieken zakje

# напитци
## drankjes

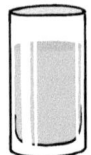

вода

water

сок

sap

млеко

melk

кола

cola

вино

wijn

пиво

bier

алкохол

alcohol

какао

cacao

чај

thee

кава

koffie

еспресо

espresso

капучино

cappuccino

банана

banaan

јабука

appel

наранџа

sinaasappel

лубеница

meloen

лимун

citroen

шаргарепа

wortel

бели лук

knoflook

бамбус

bamboe

лук

ajuin

гљива

champignon

орашасти плодови

noten

резанци

noodles

шпагете

spaghetti

рижа

rijst

салата

salade

помфрит

frieten

печени крумпир

gebakken aardappelen

пица

pizza

хамбургер

hamburger

сендвич

sandwich

шницла

kalfslapje

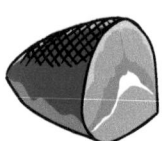

шунка

ham

салама

salami

кобасица

worst

кокош

kip

печење

braden

риба

vis

зобене пахуљице

havervlokken

мусли

muesli

кукурузне пахуљице

cornflakes

брашно

bloem

кроасан

croissant

пециво

pistolet

хлеб

brood

тоаст

toast

кекси

koekjes

маслац

boter

свежи сир

kwark

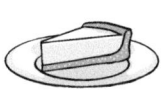

колач

taart

jaje

ei

jaje на око

spiegelei

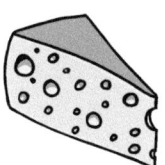

сир

kaas

сладолед

ijs

шећер

suiker

мед

honing

мармелада

confituur

нугат крема

choco

кари

curry

# сеоско газдинство
## boerderij

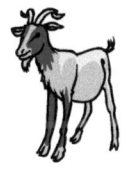

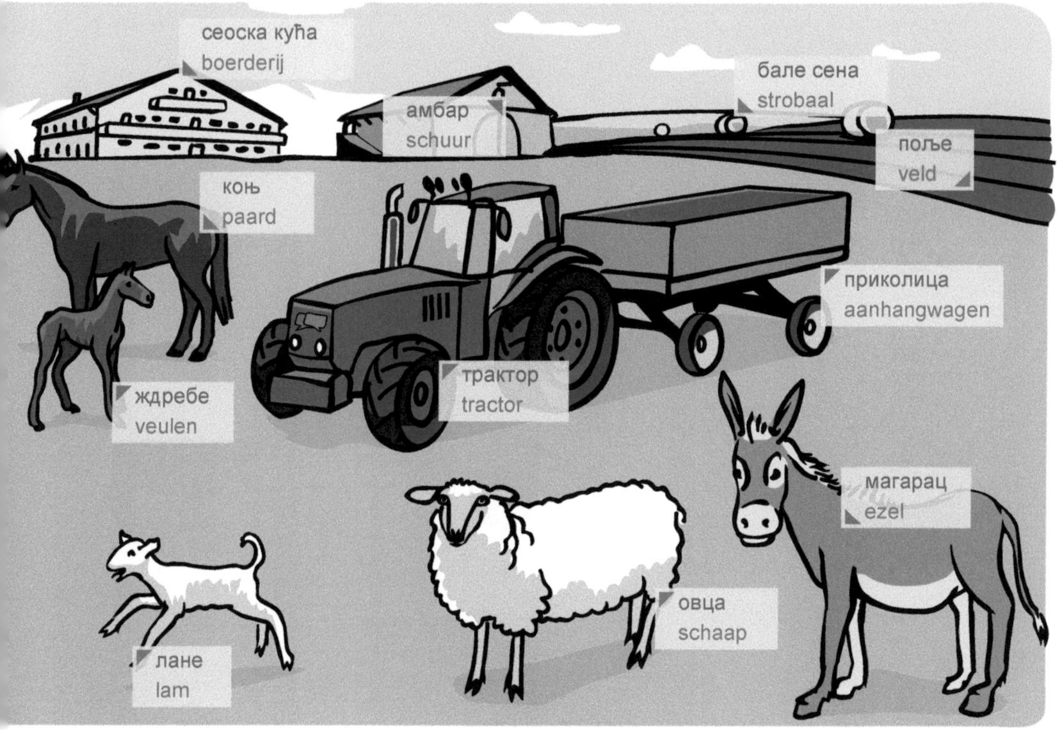
сеоска кућа
boerderij
амбар
schuur
бале сена
strobaal
поље
veld
коњ
paard
приколица
aanhangwagen
трактор
tractor
ждребе
veulen
магарац
ezel
овца
schaap
лане
lam

коза

geit

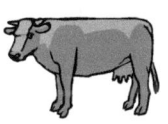

крава

koe

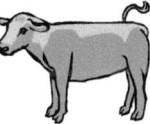

теле

kalf

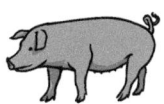

свиња

varken

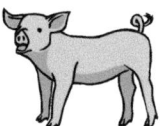

прасе

biggetje

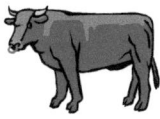

бик

stier

гуска

gans

патка

eend

пилићи

kuiken

кокош

kip

петао

haan

пацов

rat

мачка

kat

миш

muis

вол

os

пас

hond

кућица за пса

hondenhok

вртно црево

tuinslang

канта за поливање

gieter

коса

zeis

плуг

ploeg

срп

sikkel

мотика

schoffel

виљушка за ђубриво

hooivork

секира

bijl

тачке

kruiwagen

корито

trog

посуда за млеко

melkkan

врећа

zak

ограда

hek

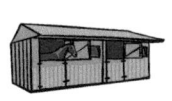

штала

stal

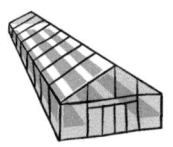

стакленик

broeikas

земља

bodem

семе

zaad

ђубриво

mest

комбајн

maaidorser

жети

oogsten

жетва

oogst

јамс зачин

yam

пшеница

tarwe

соја

soja

крумпир

aardappel

кукуруз

maïs

уљана репица

koolzaad

воћка

fruitboom

гомољ маниоке

maniok

житарице

graan

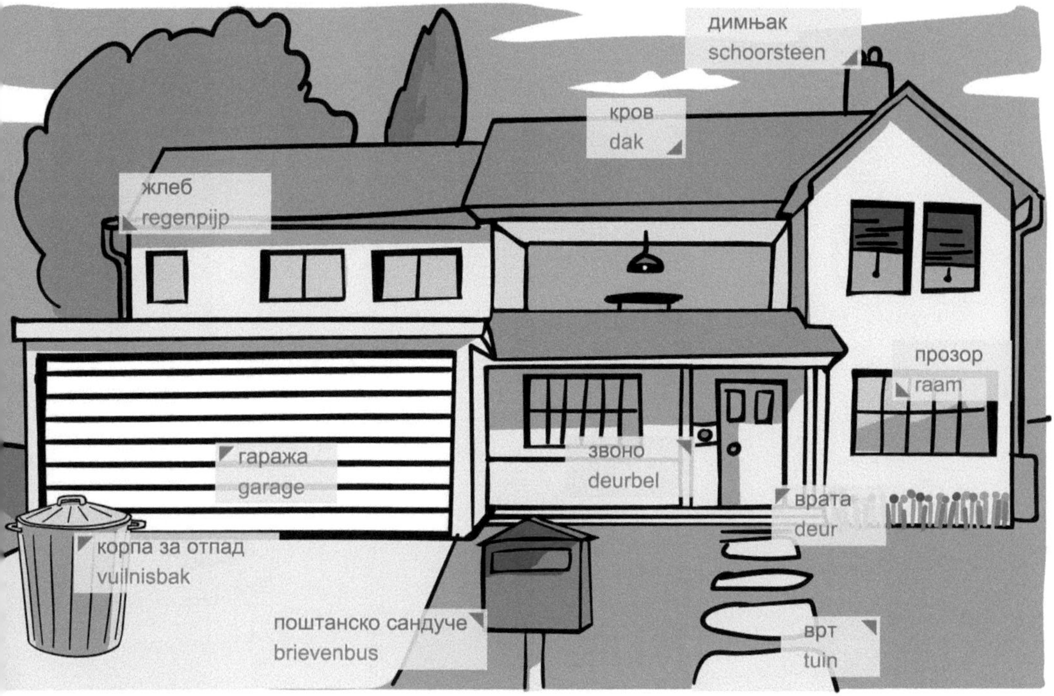

димњак
schoorsteen

кров
dak

жлеб
regenpijp

прозор
raam

гаража
garage

звоно
deurbel

врата
deur

корпа за отпад
vuilnisbak

поштанско сандуче
brievenbus

врт
tuin

дневна соба
woonkamer

купаоница
badkamer

кухиња
keuken

спаваћа соба
slaapkamer

дечија соба
kinderkamer

трпезарија
eetkamer

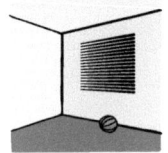

под

vloer

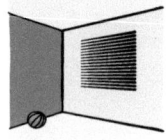

зид

muur

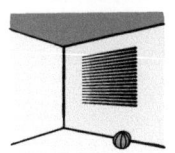

строп

plafond

подрум

kelder

сауна

sauna

балкон

balkon

тераса

terras

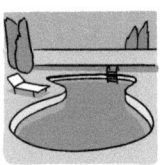

базен

zwembad

косилица за траву

grasmaaier

постељина за кревет

dekbedovertrek

дека за кревет

dekbed

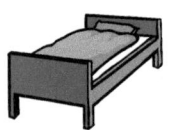

кревет

bed

метла

bezem

канта

emmer

прекидач

schakelaar

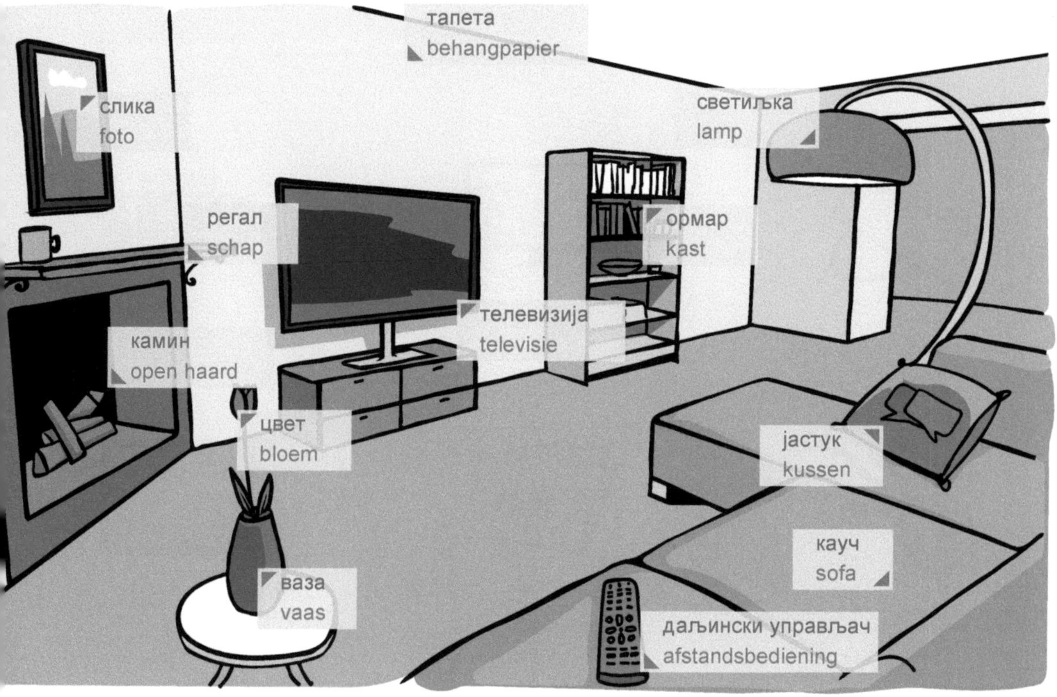

тапета
behangpapier

слика
foto

светиљка
lamp

регал
schap

ормар
kast

телевизија
televisie

камин
open haard

цвет
bloem

јастук
kussen

кауч
sofa

ваза
vaas

даљински управљач
afstandsbediening

тепих
mat

завеса
gordijn

сто
tafel

столица
stoel

столица за њихање
schommelstoel

фотеља
fauteuil

књига

boek

дека

deken

декорација

decoratie

дрво за огрев

brandhout

филм

film

хи-фи уређај

stereo-installatie

кључ

sleutel

новине

krant

слика на платну

schilderij

постер

poster

радио

radio

блок за писање

notitieboekje

усисивач

stofzuiger

кактус

cactus

свећа

kaars

# кухиња
# keuken

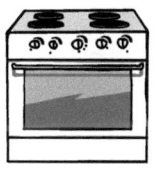

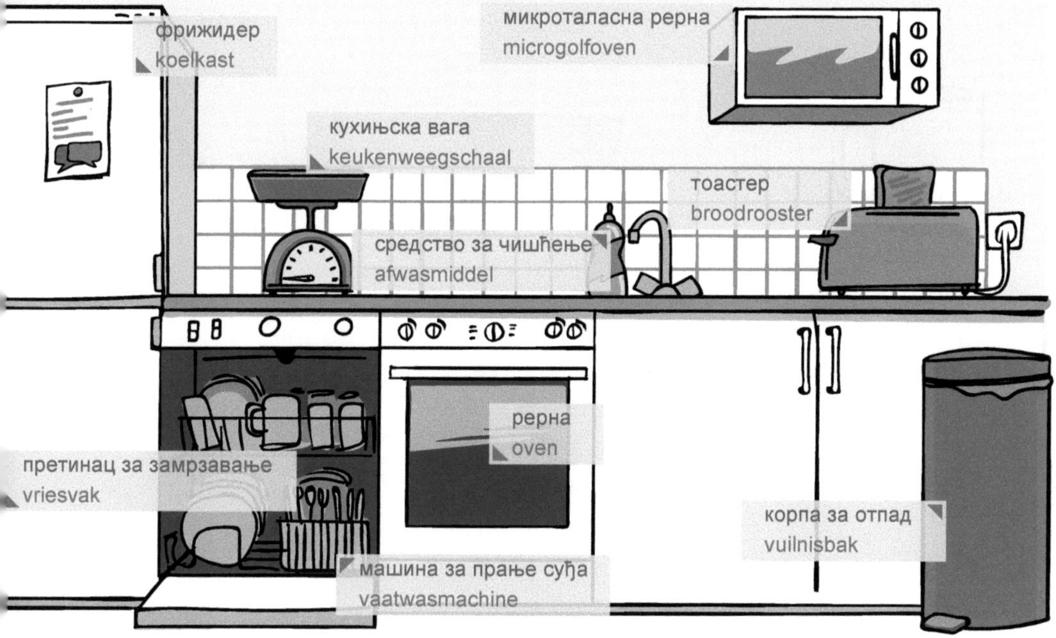
фрижидер
koelkast
микроталасна рерна
microgolfoven
кухињска вага
keukenweegschaal
тоастер
broodrooster
средство за чишћење
afwasmiddel
рерна
oven
претинац за замрзавање
vriesvak
корпа за отпад
vuilnisbak
машина за прање суђа
vaatwasmachine

шпорет

fornuis

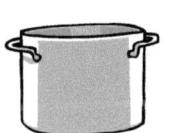

лонац

pot

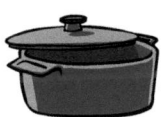

гвоздени лонац

gietijzeren pot

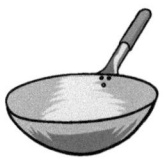

вок / кадаи

wok / kadai

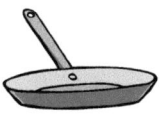

тава

pan

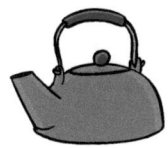

кувало за воду

waterkoker

кувало на пару

stoomkoker

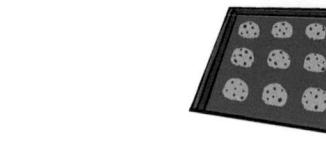
лим за печење

bakplaat

посуђе

servies

чаша

mok

посуда

kom

штапићи за јело

eetstokjes

кутлача

pollepel

лопатица

spatel

пењача

garde

сито за кување

vergiet

сито

zeef

рибеж

rasp

мужар

mortier

роштиљ

barbecue

огњиште

haardvuur

даска

snijplank

оклагија

deegrol

вадичеп

kurkentrekker

конзерва

blik

отварач конзерви

blikopener

крпа за лонац

pannenlap

судопер

gootsteen

четка

borstel

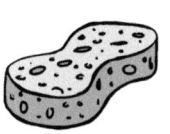

сунђер

spons

миксер

blender

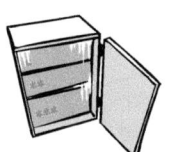

замрзивач

vriezer

флашица за бебе

papfles

славина за воду

kraan

# купаоница
# badkamer

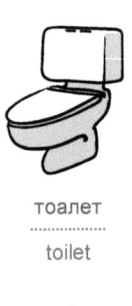

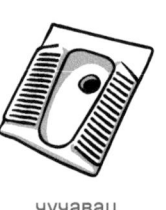

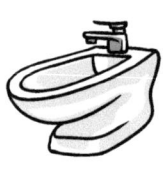

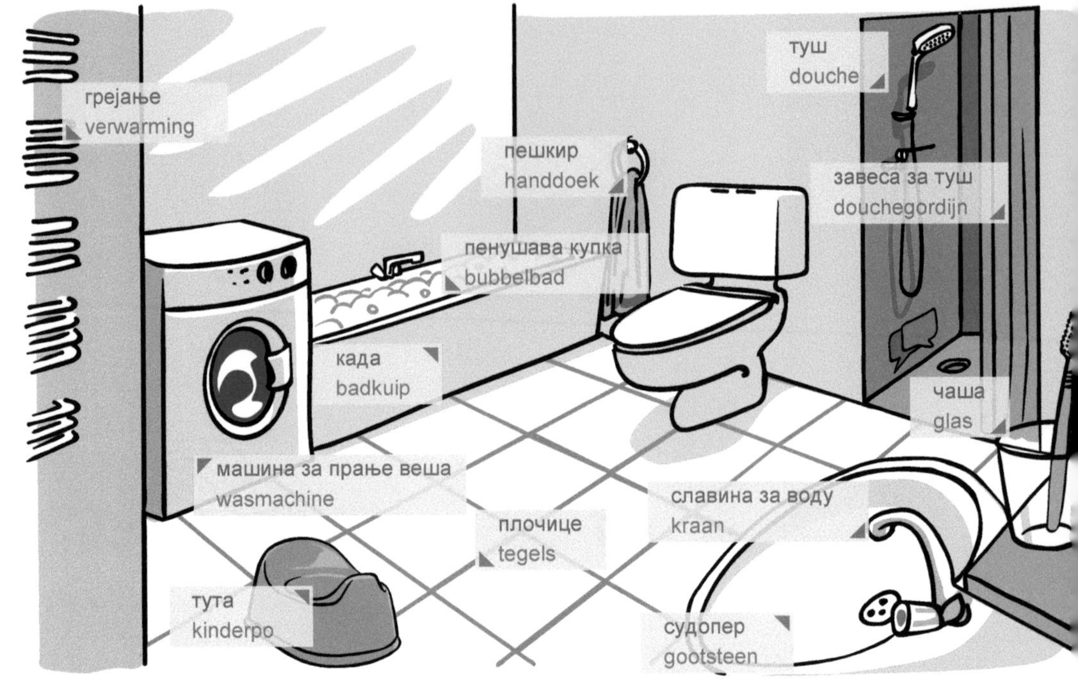
туш
douche
грејање
verwarming
пешкир
handdoek
завеса за туш
douchegordijn
пенушава купка
bubbelbad
када
badkuip
чаша
glas
машина за прање веша
wasmachine
славина за воду
kraan
плочице
tegels
тута
kinderpo
судопер
gootsteen

тоалет

toilet

чучавац

hurktoilet

бидет

bidet

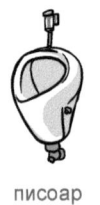

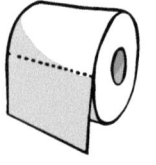

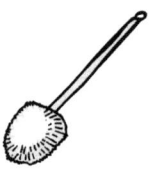

писоар

urinoir

тоалетни папир

toiletpapier

четка за тоалет

toiletborstel

четкица за зубе

tandenborstel

паста за зубе

tandpasta

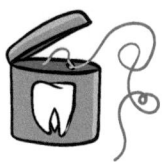

конац за зубе

flosdraad

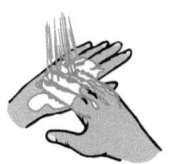

прати

wassen

туш ручица

handdouche

туш за прање интимних делова

bidethanddouche

лавор

waskom

четка за прање леђа

rugborstel

сапун

zeep

гел за туширање

douchegel

шампон

shampoo

крпа за прање

washandje

одвод

afvoer

крема

crème

дезодоранс

deodorant

огледало

spiegel

козметичко огледало

handspiegel

бријач

scheermes

пена за бријање

scheerschuim

лосион за после бријања

aftershave

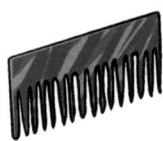

чешаљ

kam

четка

borstel

фен за косу

haardroger

спреј за косу

haarlak

шминка

make-up

руж за усне

lippenstift

лак за нокте

nagellak

вата

watten

маказе за нокте

nagelknipper

парфем

parfum

козметичка торбица

toilettas

столица

kruk

вага

weegschaal

огртач

badjas

рукавице за чишћење

latex handschoenen

тампон

tampon

уложак

maandverband

хемијски тоалет

chemisch toilet

# дечија соба
# kinderkamer

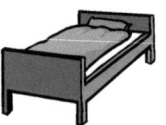

будилник
wekker
плишана играчка
knuffel
ауто играчка
speelgoedauto
звечка
rammelaar
кућица за лутке
poppenhuis
поклон
geschenk

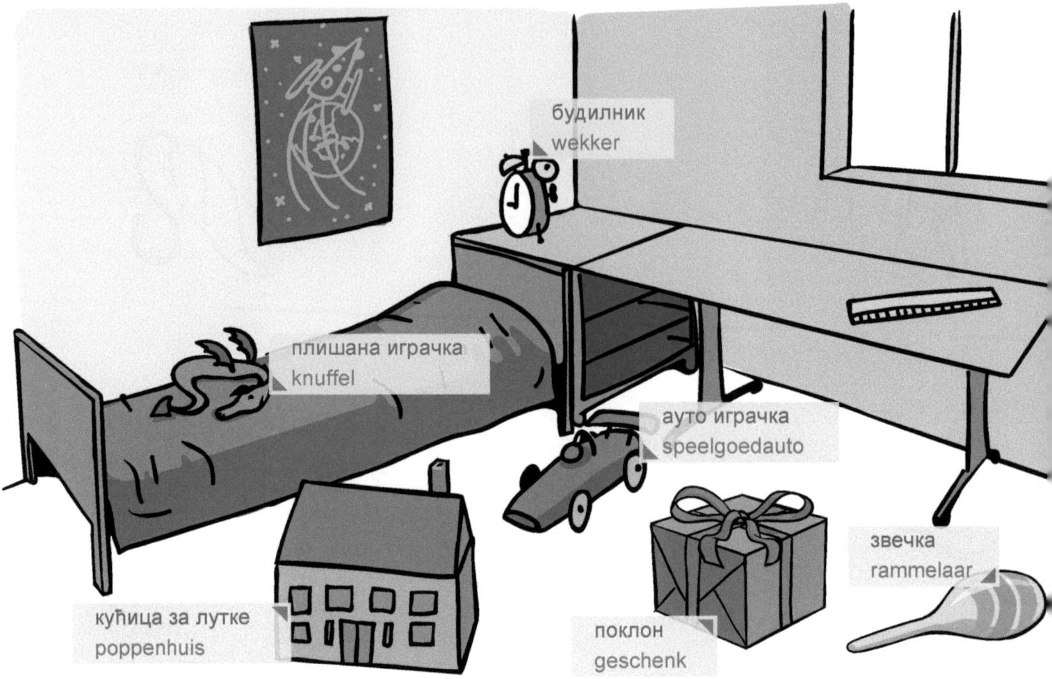

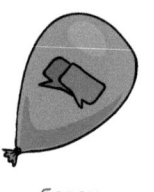

балон

ballon

кревет

bed

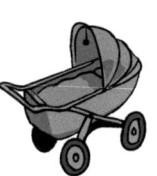

дјечија колица

kinderwagen

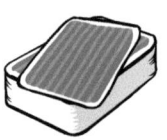

игра са картама

spel kaarten

слагалица

puzzel

SUPER MEGA

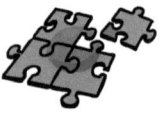

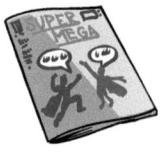

стрип

stripboek

лего коцкице

legoblokjes

коцкице за слагање

blokken

акциони јунак

actiefiguur

бенкица за бебе

kruippakje

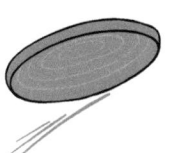

фризби

frisbee

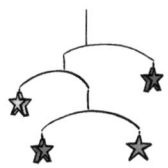

висеће играчке

mobiel

друштвене игре

bordspel

коцка

dobbelsteen

минијатурна жељезница

modelspoorweg

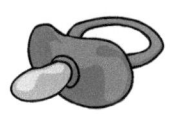

дуда

fopspeen

забава

feest

сликовница

prentenboek

лопта

bal

лутка

pop

играти

spelen

пешчаник

zandbak

љуљачка

schommel

играчка

speelgoed

конзола за игре

spelconsole

трицикл

driewieler

теди

knuffelbeer

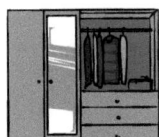

ормар

kleerkast

# одећа
# kleding

кратке чарапе

sokken

чарапе

kousen

хулахопке

maillot

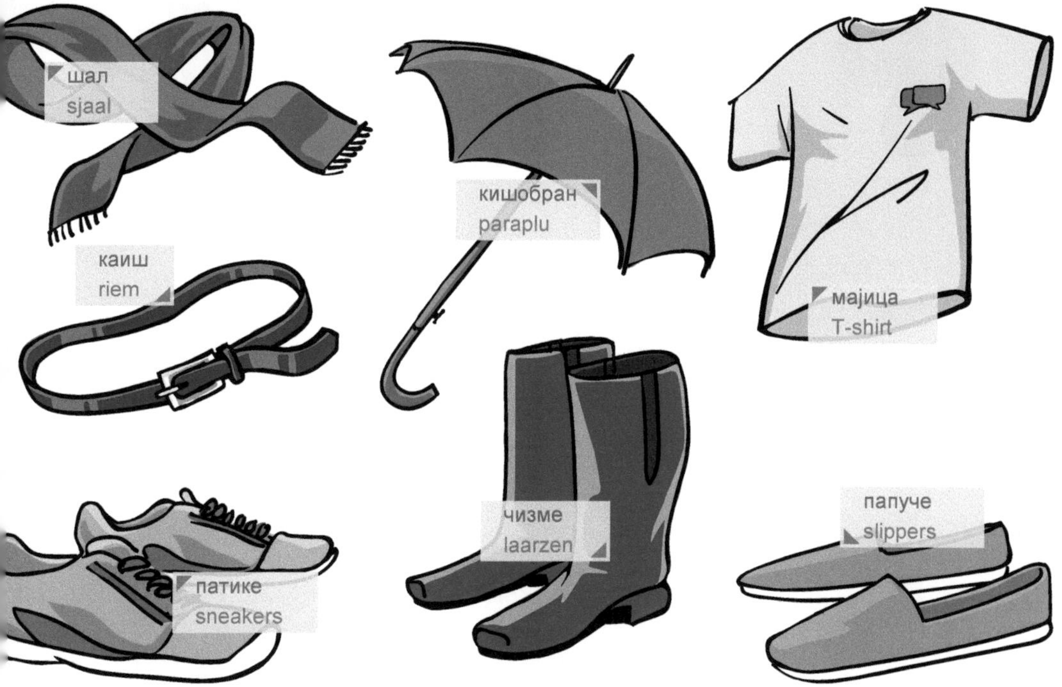

шал
sjaal

кишобран
paraplu

каиш
riem

мајица
T-shirt

чизме
laarzen

папуче
slippers

патике
sneakers

сандале
.................
sandalen

ципеле
.................
schoenen

гумене чизме
.................
rubberlaarzen

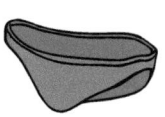

гаћице
.................
onderbroek

грудњак
.................
beha

поткошуља
.................
onderhemd

боди

lichaam

панталоне

broek

фармерке

jeans

сукња

rok

блуза

blouse

кошуља

hemd

џемпер

trui

џемпер с капуљачом

capuchontrui

сако

blazer

јакна

jas

мантил

jas

кабаница

regenjas

костим

kostuum

хаљина

jurk

венчаница

trouwjurk

одело

pak

спаваћица

nachthemd

пиџама

pyjama

сари

sari

марама за главу

hoofddoek

турбан

tulband

бурка

boerka

кафтан

kaftan

абаја

abaya

купаћи костим

badpak

купаће гаћице

zwembroek

кратке панталоне

short

одећа за тренинг

trainingspak

кецеља

schort

рукавице

handschoenen

дугме

knoop

наочаре

bril

наруквица

armband

огрлица

ketting

прстен

ring

наушница

oorbel

капа

pet

вешалица

kapstok

шешир

hoed

кравата

das

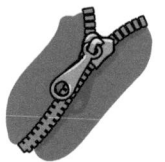

патент затварач

rits

кацига

helm

нараменице

bretellen

школска униформа

schooluniform

униформа

uniform

подбрадак

slabbetje

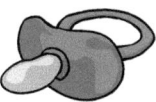

дуда

forspeen

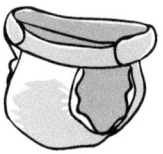

пелена

luier

# канцеларија
# kantoor

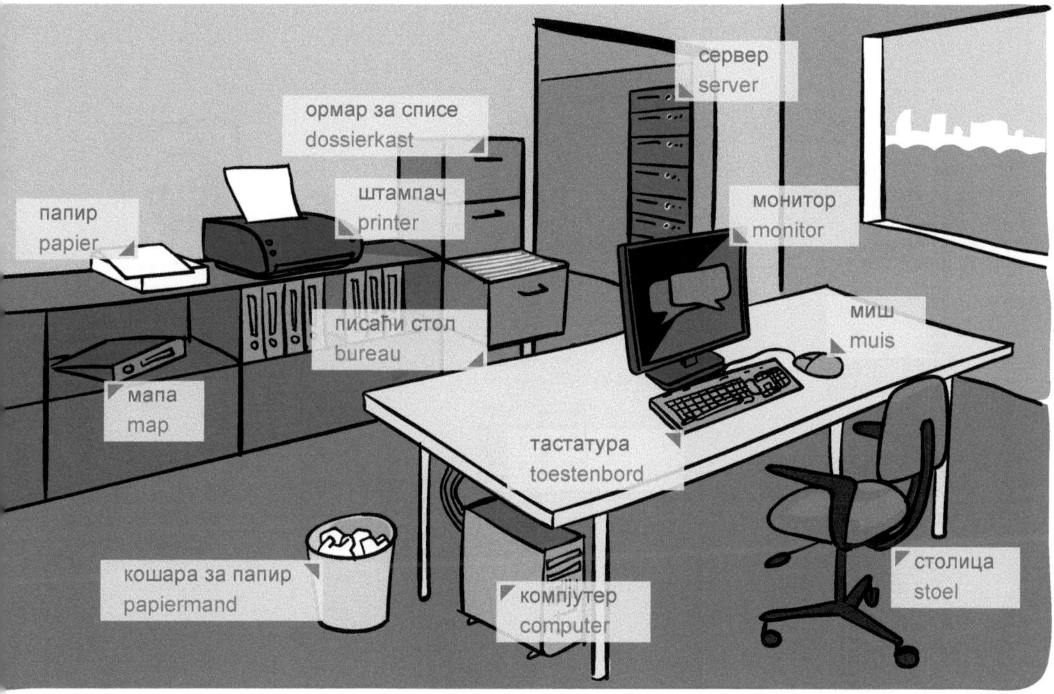

сервер
server

ормар за списе
dossierkast

штампач
printer

папир
papier

монитор
monitor

писаћи стол
bureau

миш
muis

мапа
map

тастатура
toestenbord

кошара за папир
papiermand

компјутер
computer

столица
stoel

шалица за каву

koffiemok

калкулатор

rekenmachine

интернет

internet

лаптоп

laptop

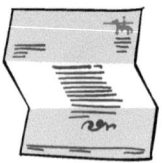

писмо

brief

порука

bericht

мобилни телефон

gsm

мрежа

netwerk

уређај за копирање

kopieerapparaat

софтвер

software

телефон

telefoon

утичница

stopcontact

факс

fax

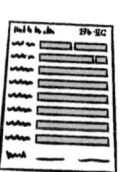

формулар

formulier

документ

document

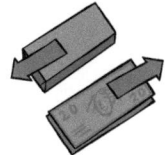

куповати

kopen

платити

betalen

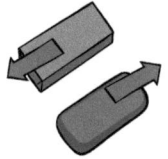

трговати

handelen

новац

geld

долар

dollar

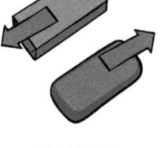

евро

euro

јен

yen

рубља

roebel

швајцарски франак

Zwitserse frank

ренминдби јуан

Chinese renminbi

рупија

roepie

аутомат за новац

geldautomaat

мењачница

wisselkantoor

злато

goud

сребро

zilver

нафта

olie

енергија

energie

цена

prijs

уговор

contract

порез

belasting

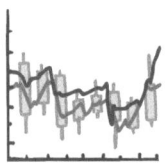

деонице

aandeel

радити

werken

службеник

werknemer

послодавац

werkgever

фабрика

fabriek

продавница

winkel

# занимања
# beroepen

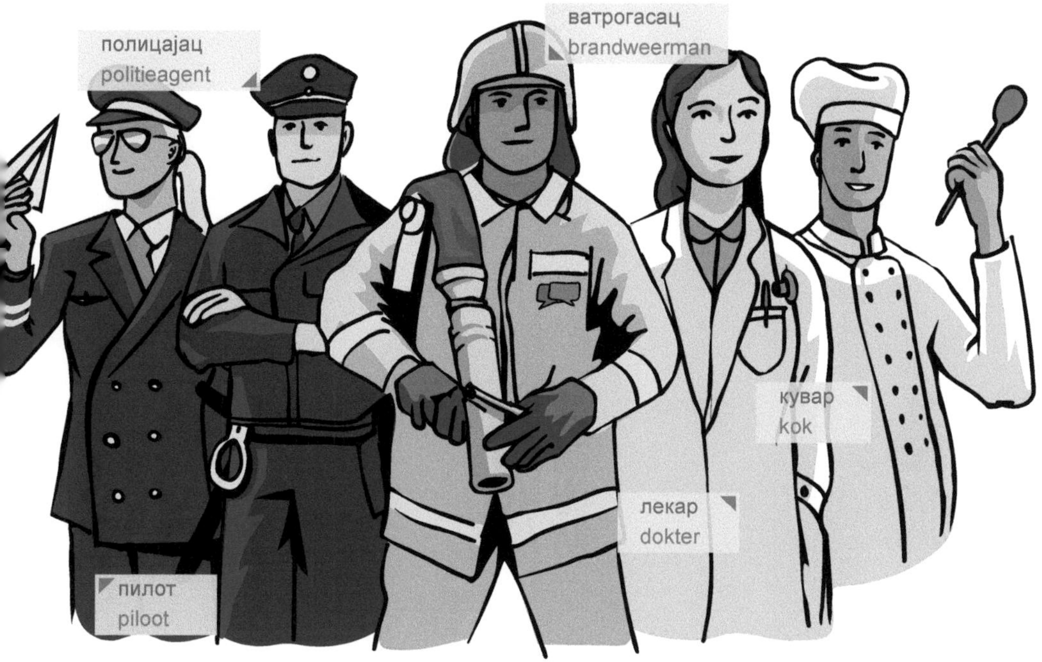

полицајац
politieagent
ватрогасац
brandweerman
кувар
kok
лекар
dokter
пилот
piloot


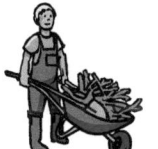

вртлар

tuinman

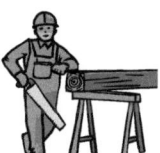

столар

timmerman

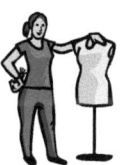

кројачица

naaister

судија

rechter

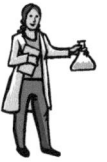

хемичар

chemicus

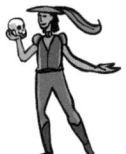

глумац

acteur

возач аутобуса

buschauffeur

возач таксија

taxichauffeur

рибар

visser

чистачица

schoonmaakster

кровопокривач

dakdekker

конобар

ober

ловац

jager

сликар

schilder

пекар

bakker

електричар

elektricien

грађевински радник

bouwvakker

инжењер

ingenieur

месар

slager

лимар

loodgieter

поштар

postbode

војник

soldaat

архитекта

architect

благајник

kassier

цвећар

bloemist

фризер

kapper

кондуктер

conducteur

механичар

mecanicien

капетан

kapitein

зубар

tandarts

научник

wetenschapper

раби

rabbijn

имам

imam

монах

monnik

свећеник

geestelijke

# алати

# werktuigen

чекић
hamer
клешта
tang
одвијач
schroevendraaier
кључ за завртње
schroefsleutel
џепна лампа
zaklamp

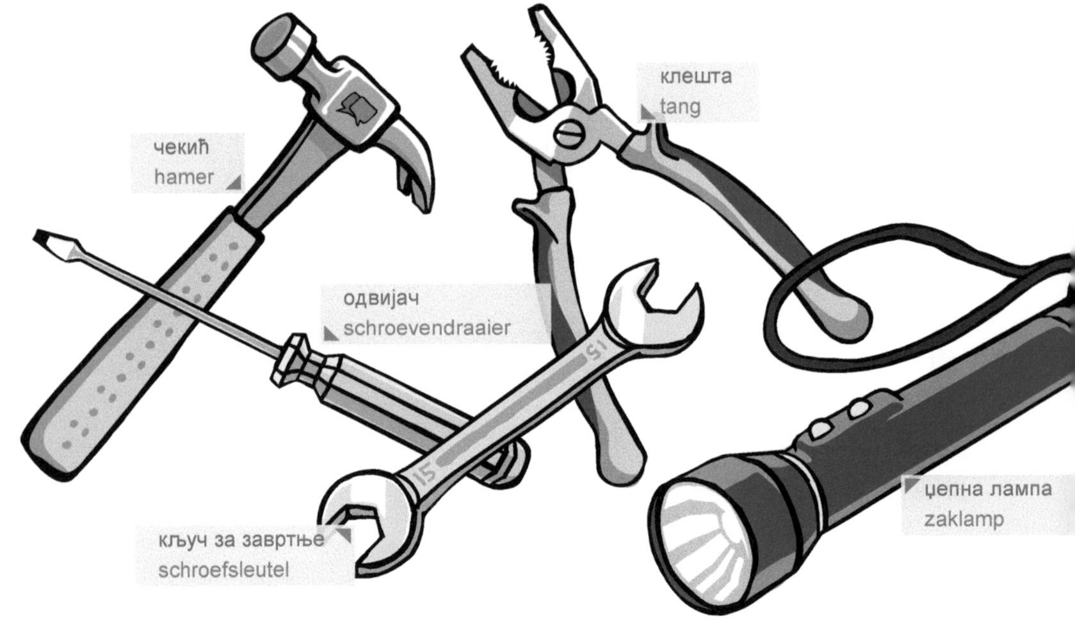

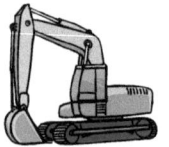

багер

graafmachine

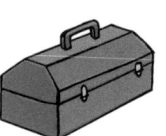

кутија за алат

gereedschapskoffer

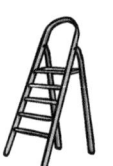

мердевине

ladder

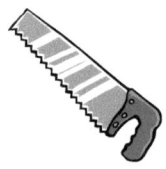

пила

zaag

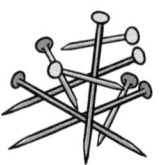

ексер

spijkers

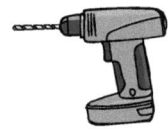

бушилица

boormachine

поправити
repareren

лопата
schop

до ђавола!
Verdomme!

лопатица
blik

лонац за боју
verfpot

завртањи
schroeven

## музички инструмент
## muziekinstrumenten

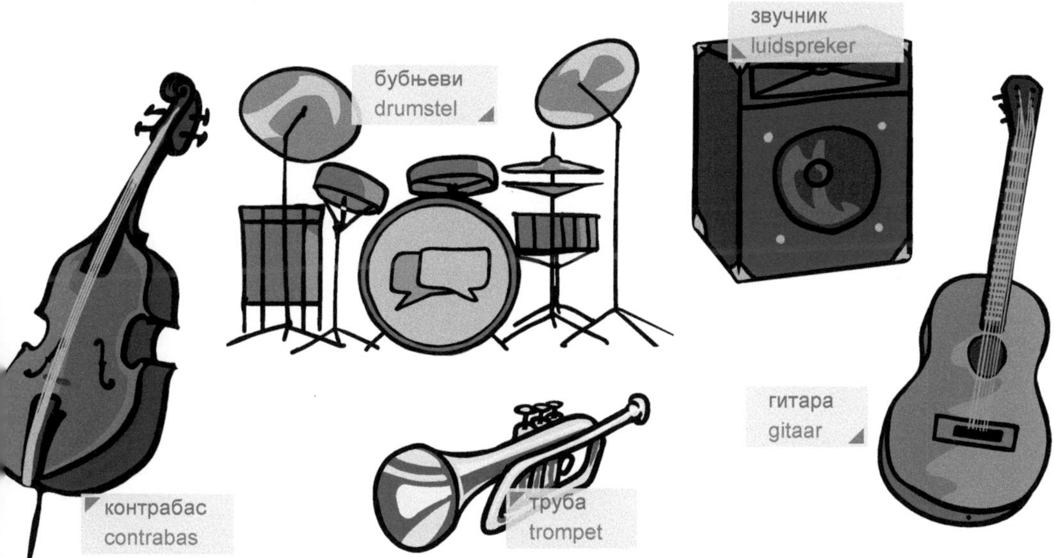

звучник
luidspreker

бубњеви
drumstel

гитара
gitaar

контрабас
contrabas

труба
trompet

клавир

piano

виолина

viool

бас

basgitaar

тимпани

pauk

удараљке за бубњеве

trommels

типке клавира

keyboard

саксофон

saxofoon

флаута

fluit

микрофон

microfoon

улаз
ingang

тигар
tijger

кавез
kooi

зебра
zebra

храна за животиње
diereneten

панда
panda

животиње
.................
dieren

слон
.................
olifant

кенгур
.................
kangoeroe

носорог
.................
neushoorn

горила
.................
gorilla

медвед
.................
beer

камила

kameel

ној

struisvogel

лав

leeuw

мајмун

aap

фламинго

flamingo

папагај

papegaai

поларни медвед

ijsbeer

пингвин

pinguïn

ајкула

haai

паун

pauw

змија

slang

крокодил

krokodil

чувар у зоолошком врту

dierenverzorger

туљан

zeehond

јагуар

jaguar

пони

pony

леопард

luipaard

нилски коњ

nijlpaard

жирафа

giraffe

орао

adelaar

дивља свиња

wild zwijn

риба

vis

корњача

zeeschildpad

морж

walrus

лисица

vos

газела

gazelle

# спорт

## sporten

амерички ногомет
rugby

бициклизам
wielrennen

тенис
tennis

кошарка
basketbal

пливање
zwemmen

бокс
boksen

хокеј на леду
ijshockey

фудбал
voetbal

бадминтон
badminton

атлетика
atletiek

ракомет
handbal

скијање
skiën

поло
polo

спорт - sporten

смејати се
lachen

скочити
springen

загрлити
knuffelen

ићи
wandelen

певати
zingen

сањати
dromen

молити се
bidden

пољубити
kussen

писати
schrijven

цртати
tekenen

показати
tonen

гурати
duwen

дати
geven

узети
nemen

имати

hebben

чинити

doen

бити

zijn

стојати

staan

трчати

lopen

повлачити

trekken

бацити

gooien

падати

vallen

лежати

liggen

чекати

wachten

носити

dragen

седити

zitten

облачити

aankleden

спавати

slapen

пробудити се

ontwaken

гледати

kijken naar

плакати

wenen

миловати

aaien

чешљати

kammen

говорити

praten

разумети

begrijpen

питати

vragen

слушати

luisteren

пити

drinken

јести

eten

поспремити

opruimen

волети

houden van

кухати

koken

возити

rijden

летети

vliegen

пловити

zeilen

рачунати

rekenen

читати

Lezen

учити

leren

радити

werken

венчати се

trouwen

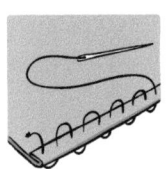

шити

naaien

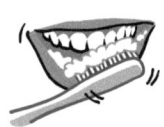

прати зубе

tandenpoetsen

убити

doden

пушити

roken

послати

sturen

# породица

# familie

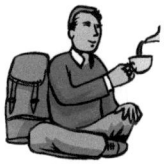

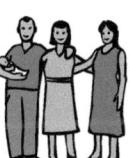

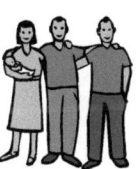

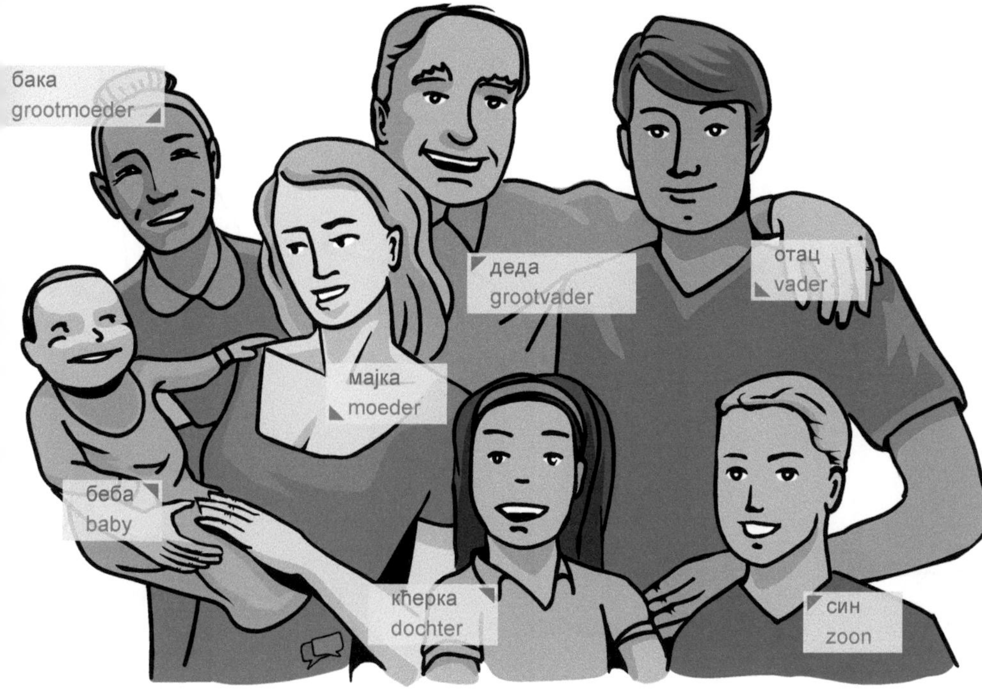

бака
grootmoeder
деда
grootvader
отац
vader
мајка
moeder
беба
baby
ћерка
dochter
син
zoon


гост

gast

тетка

tante

ујак, стриц

oom

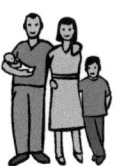

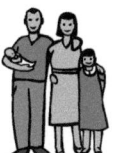

брат

broer

сестра

zus

# тело

# lichaam

чело
voorhoofd
око
oog
раме
schouder
прст
vinger
лице
gezicht
брада
kin
рука
hand
нога
been
груди
borst
рука
arm


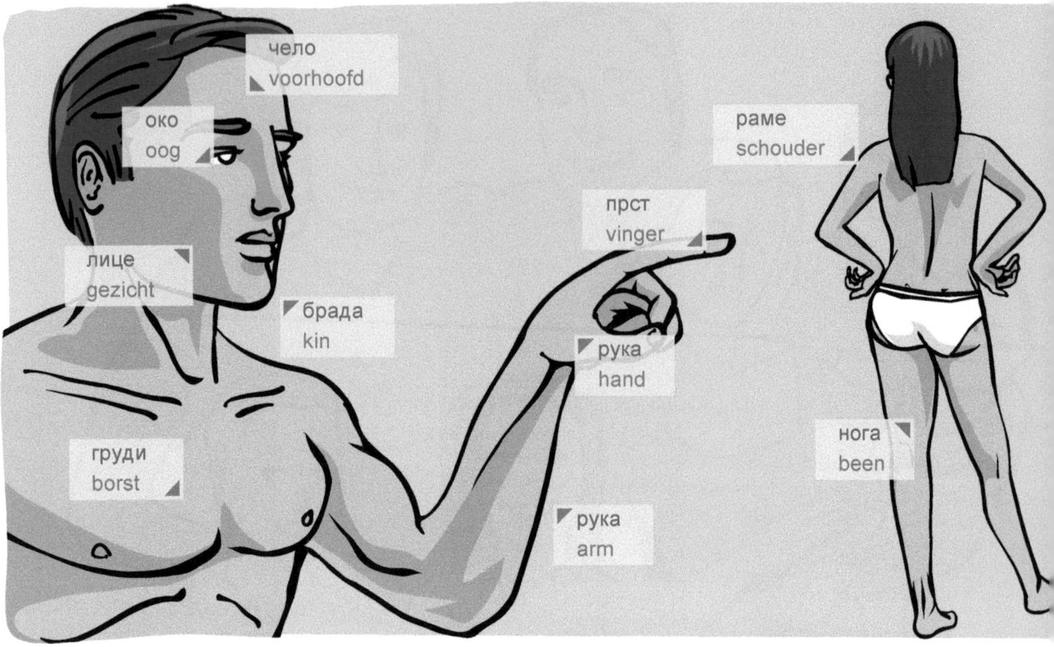

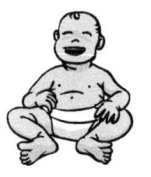

беба

baby

мушкарац

man

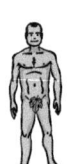

жена

vrouw

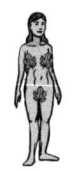

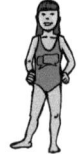

девојчица

meisje

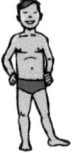

дечак

jongen

глава

hoofd

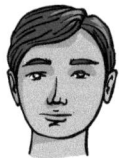

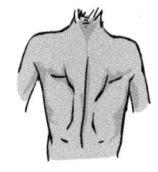

леђа

rug

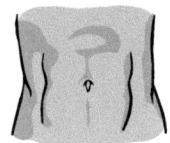

стомак

buik

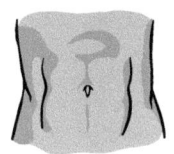

пупак

navel

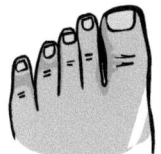

ножни прст

teen

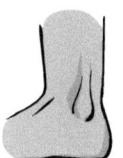

пета

hiel

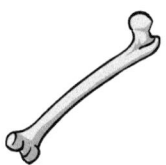

кост

bot

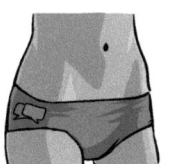

кукови

heup

колено

knie

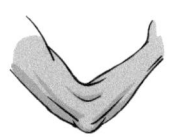

лакат

elleboog

нос

neus

задњица

zitvlak

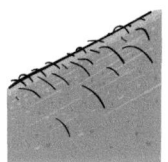

кожа

huid

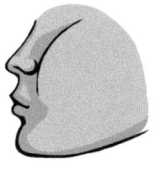

образ

wang

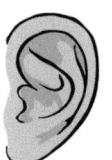

уво

oor

усна

lip

уста

mond

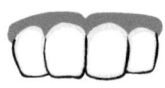

зуб

tand

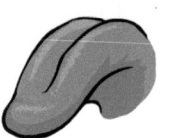

језик

tong

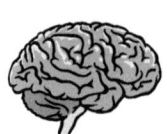

мозак

hersenen

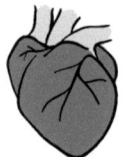

срце

hart

мишић

spier

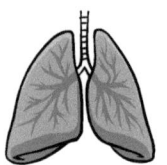

плућа

long

јетра

lever

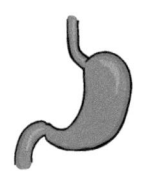

желудац

maag

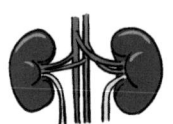

бубрези

nieren

полни однос

seks

кондом

condoom

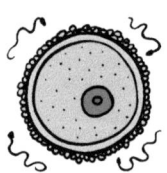

јајна ћелија

eicel

сперма

sperma

трудноћа

zwangerschap

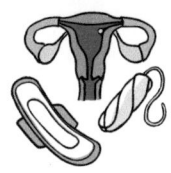

менструација

menstruatie

вагина

vagina

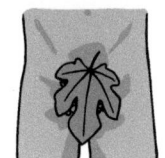

пенис

penis

обрва

wenkbrauw

коса

haar

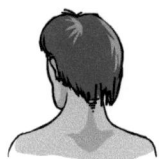

врат

nek

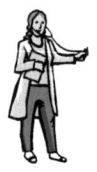

# болница
# ziekenhuis

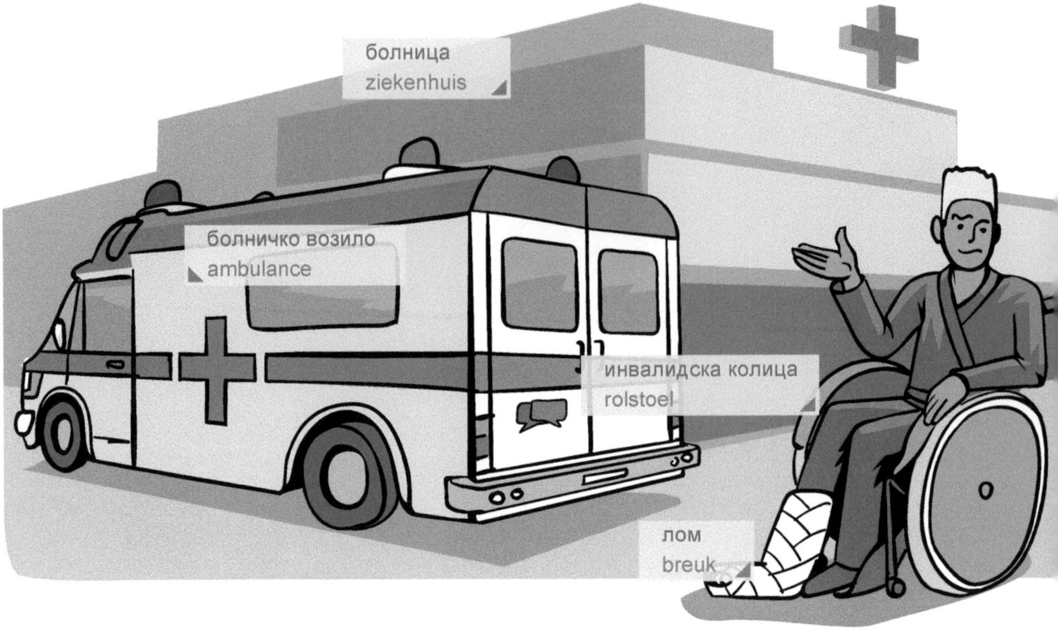

болница
ziekenhuis
болничко возило
ambulance
инвалидска колица
rolstoel
лом
breuk

лекар

dokter

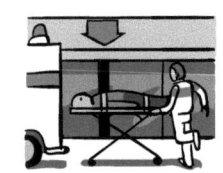

хитна медицинска служба

spoed

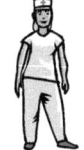

медицинска сестра

verpleegkundige

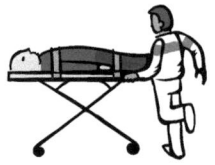

хитни случај

noodgeval

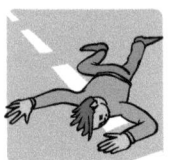

несвест

bewusteloos

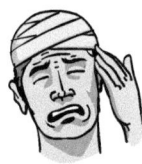

бол

pijn

повреда

verwonding

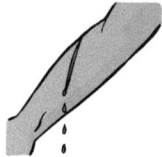

крварење

bloeding

срчани удар

hartaanval

удар

beroerte

алергија

allergie

кашаљ

hoest

грозница

koorts

грипа

griep

пролив

diarree

главобоља

hoofdpijn

рак

kanker

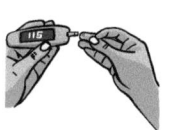

дијабетес

diabetes

хирург

chirurg

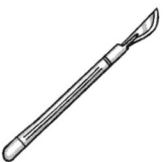

скалпел

scalpel

операција

operatie

цт

CT

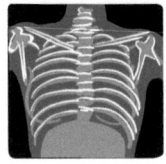

рентген

röntgenstraal

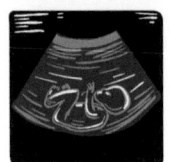

ултразвук

ultrageluid

маска

gezichtsmasker

болест

ziekte

чекаона

wachtkamer

штака

kruk

фластер

pleister

завој

verband

ињекција

injectie

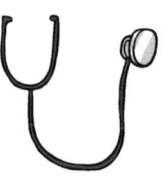

стетоскоп

stethoscoop

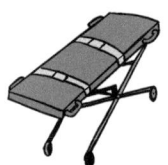

носила

brancard

термометар

thermometer

рођење

geboorte

прекомерна тежина

overgewicht

слушни апарат

hoorapparaat

средство за дезинфекцију

ontsmettingsmiddel

инфекција

infectie

вирус

virus

хив / аидс

HIV / AIDS

медицина

medicijn

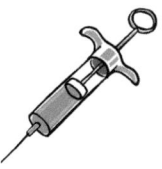

вакцинација

vaccinatie

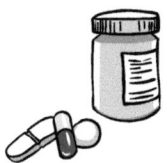

таблете

tabletten

пилула

pil

хитни позив

noodoproep

уређај за мерење притиска

bloeddrukmeter

болесно / здраво

ziek / gezond

аларм

alarm

насртај

overval

помоћ!

Help!

напад

aanval

опасност

gevaar

излаз у случају нужде

nooduitgang

пожар!

Brand!

противпожарни апарат

brandblusser

незгода

ongeval

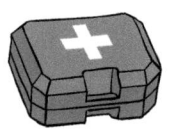

кутија прве помоћи

EHBO-kit

сос

SOS

полиција

politie

Европа

Europa

Северна Америка

Noord-Amerika

Јужна Америка

Zuid-Amerika

Африка

Afrika

Азија

Azië

Аустралија

Australië

Атлантик

Atlantische Oceaan

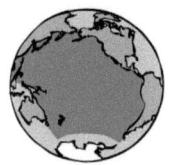

Пацифик

Stille Oceaan

Индијски океан

Indische Oceaan

Антарктички океан

Antarctische Oceaan

Арктички океан

Arctische Oceaan

Северни рол

Noordpool

Јужни рол

Zuidpool

Антарктик

Antarctica

земља

aarde

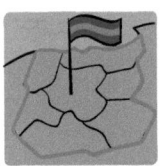

земља

land

море

zee

оток

eiland

нација

natie

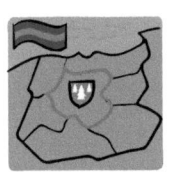

држава

staat

бројчаник сата

wijzerplaat

сатна казаљка

uurwijzer

минутна казаљка

minuutwijzer

секундна казаљка

secondewijzer

Колико је сати?

Hoe laat is het?

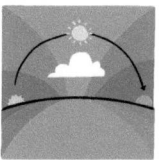

дан

dag

време

tijd

сада

nu

дигитални сат

digitale horloge

минута

minuut

час

uur

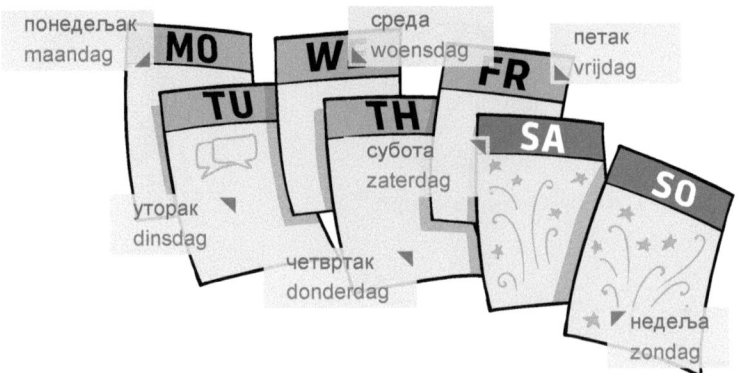

понедељак maandag — MO
уторак dinsdag — TU
среда woensdag — W
четвртак donderdag — TH
петак vrijdag — FR
субота zaterdag — SA
недеља zondag — SO

јуче
.................
gisteren

данас
.................
vandaag

сутра
.................
morgen

јутро
.................
ochtend

подне
.................
middag

вече
.................
avond

радни дани
.................
werkdagen

викенд
.................
weekend

# година

## jaar

дуга
regenboog
киша
regen
снег
sneeuw
ветар
wind
пролеће
lente
јесен
herfst
лето
zomer
зима
winter


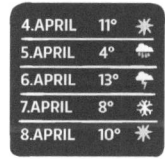

4.APRIL 11°
5.APRIL 4°
6.APRIL 13°
7.APRIL 8°
8.APRIL 10°


етеоролошка прогноза

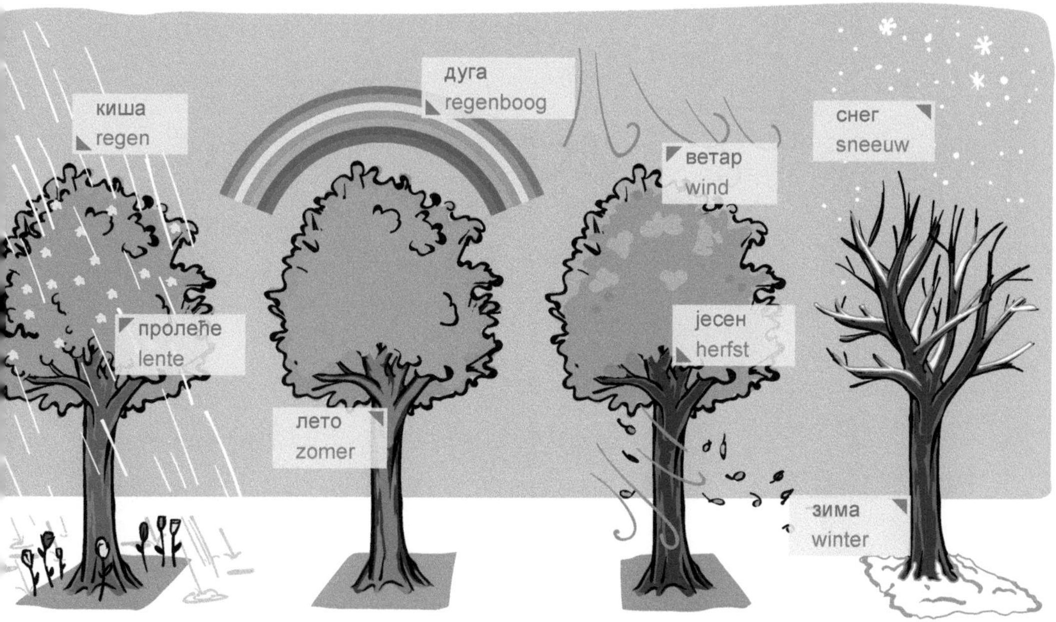

weervoorspelling

F
C
120
90
60
30
0
-30
40
30
20
10
0
-10
-20


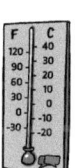

термометар

thermometer

сунчана светлост

zonneschijn

облак

wolk

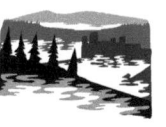

магла

mist

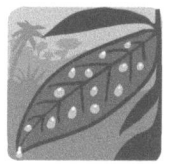

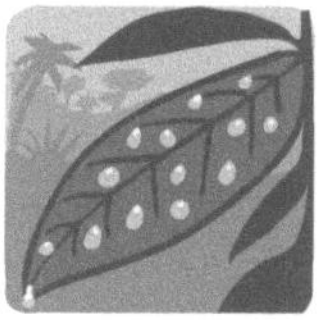

влажност ваздуха

vochtigheid

муња

bliksem

грмљавина

donder

олуја

storm

туча

hagel

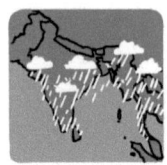

монсун

moesson

поплава

overstroming

лед

ijs

јануар

januari

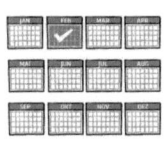

фебруар

februari

март

maart

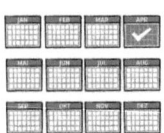

април

april

мај

mei

јуни

juni

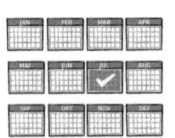

јули

juli

август

augustus

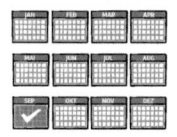

септембар

september

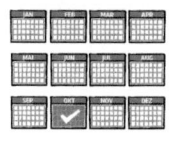

октобар

oktober

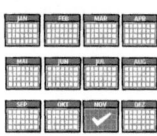

новембар

november

децембар

december

# облици
# vormen

круг

cirkel

квадрат

kwadraat

правоугао

rechthoek

троугао

driehoek

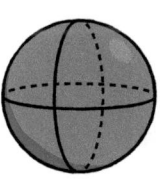

кугла

bol

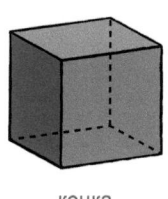

коцка

kubus

бела

wit

жута

geel

наранџаста

oranje

ружичаста

roze

црвена

rood

љубичаста

paars

плава

blauw

зелена

groen

смеђа

bruin

сива

grijs

црна

zwart

много / мало

veel / weinig

љутито / мирно

boos / kalm

лепо / ружно

mooi / lelijk

почетак / крај

begin / einde

велико / малено

groot / klein

светло / тамно

licht / donker

брат / сестра

broer / zus

чисто / прљаво

proper / vuil

потпуно / непотпуно

volledig / onvolledig

дан / ноћ

dag / nacht

мртво / живо

dood / levend

широко / уско

breed / smal

јестиво / нејестиво

eetbaar / oneetbaar

зло / добро

kwaadaardig / vriendelijk

узбуђено / досадно

opgewonden / verveeld

дебело / мршаво

dik / dun

на почетку / на крају

eerst / laatst

пријатељ / непријатељ

vriend / vijand

пуно / празно

vol / leeg

тврдо / мекано

hard / zacht

тешко / лагано

zwaar / licht

глад / жеђ

honger / dorst

болесно / здраво

ziek / gezond

илегално / легално

illegaal / legaal

паметно / глупо

intelligent / dom

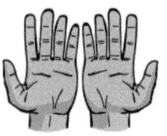

лево / десно

links / rechts

близу / далеко

dichtbij / veraf

ново / половно

nieuw / gebruikt

ништа / нешто

niets / iets

старо / младо

oud / jong

укључено / искључено

aan / uit

отворено / затворено

open / dicht

тихо / гласно

stil / luid

богато / сиромашно

rijk / arm

тачно / погрешно

juist / fout

храпаво / глатко

ruw / glad

тужно / сретно

droevig / blij

кратко / дуго

kort / lang

полако / брзо

traag / snel

мокро / сухо

nat / droog

топло / хладно

warm / koud

рат / мир

oorlog / vrede

# бројеви
## cijfers

**0**

нула
nul

**1**

један
één

**2**

два
twee

**3**

три
drie

**4**

четири
vier

**5**

пет
vijf

**6**

шест
zes

**7**

седам
zeven

**8**

осам
acht

**9**

девет
negen

**10**

десет
tien

**11**

једанаест
elf

**12**

дванаест

twaalf

**13**

тринаест

dertien

**14**

четрнаест

veertien

**15**

петнаест

vijftien

**16**

шестнаест

zestien

**17**

седамнаест

zeventien

**18**

осамнаест

achtien

**19**

деветнаест

negentien

**20**

двадесет

twintig

**100**

стотину

honderd

**1.000**

хиљаду

duizend

**1.000.000**

милион

miljoen

енглески

Engels

амерички енглески

Amerikaans Engels

мандарински кинески

Chinees (Mandarijn)

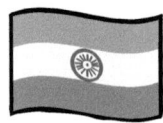

хиндски

Hindi

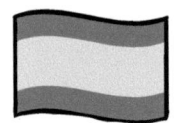

шпански

Spaans

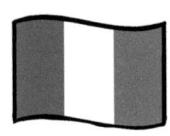

француски

Frans

арапски

Arabisch

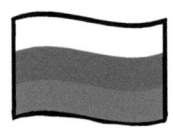

руски

Russisch

португалски

Portugees

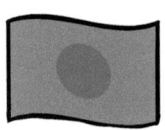

бенгалски

Bengali

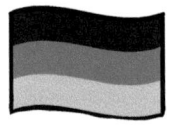

немачки

Duits

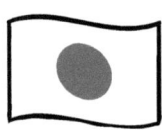

јапански

Japans

ja
ik

ти
u

он / она / оно
hij / zij / het

ми
wij

ви
u

они
ze

Ко?
wie?

Шта?
wat?

Како?
hoe?

Где?
waar?

Када?
wanneer?

име
naam

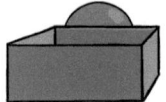

иза

achter

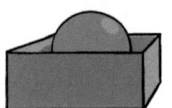

у

in

испред

voor

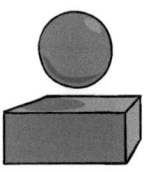

преко

boven

на

op

испод

onder

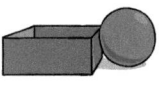

поред

naast

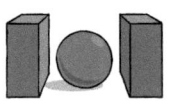

између

tussen

место

plaats